yukismart.com/b/64e976
AF365097
1
2

uno

один

odyn

ananas

ананас

ananas

chitarra

гітара

hitara

2

due

два

dva

dinosauri

динозаври

dynozavry

gemelli

близнюки

blyzniuky

3

tre

три

try

stelle marine

морські зірки

morski zirky

pesche

персики

persyky

4

quattro

чотири

chotyry

ciliegie

черешні

chereshni

robot

роботи

roboty

5

cinque

п'ять

p'iat

dita

пальці

paltsi

matite

олівці

olivtsi

6

sei

шість

shist

caramelle

цукерки

tsukerky

cuori

серця

sertsia

7

sette

сім

sim

conchiglie
морські раковини
morski rakovyny

blocchi
кубики
kubyky

8

otto

вісім

visim

formiche

мурахи

murakhy

fiori

квіти

kvity

nove

дев'ять

dev'iat

pesci

риби

ryby

bottoni

ґудзики

gudzyky

10

dieci

десять

desiat

candele

свічки

svichky

uova

яйця

iaitsia

pari

парне

parne

dispari

непарне

neparne

intero

ціле

tsile

metà

половина

polovyna

rosso
червоний
chervonyi

ombrello
парасолька
parasolka

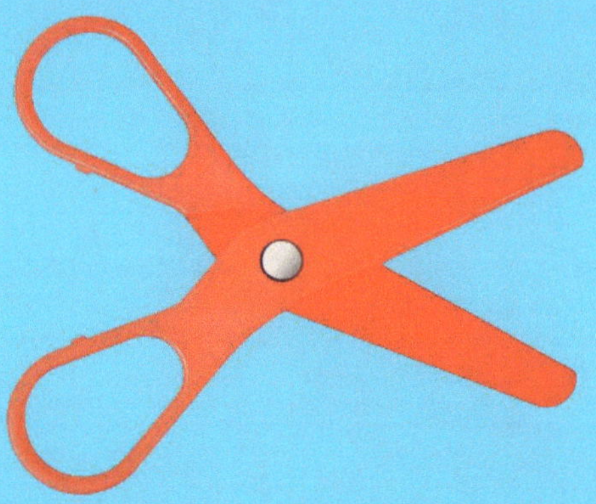

forbici
ножиці
nozhytsi

giallo

жовтий

zhovtyi

banana

банан

banan

formaggio

сир

syr

verde

зелений

zelenyi

verdure

овочі

ovochi

bottiglia

бутилка

butylka

grigio

сірий
siryi

tappeto

килим
kylym

piuma

перо
pero

arancione
помаранчевий
pomaranchevyi

zucca
гарбуз
harbuz

succo d'arancia
апельсиновий сік
apelsynovyi sik

bianco

білий

bilyi

tazza

чашка

chashka

busta

конверт

konvert

nero

чорний

chornyi

occhiali

окуляри

okuliary

camicia

сорочка

sorochka

marrone

коричневий

korychnevyi

violino

скрипка

skrypka

torta

тістечко

tistechko

blu

синій

synii

pantaloncini da bagno

купальні шорти

kupalni shorty

occhialini da nuoto

окуляри для плавання

okuliary dlia plavannia

rosa
рожевий
rozhevyi

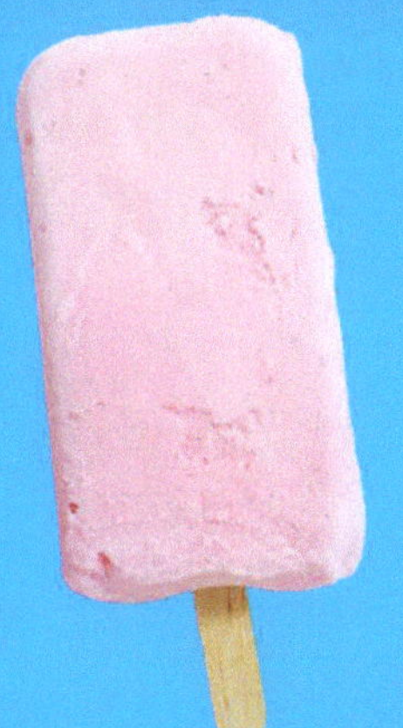

gelato
морозиво
morozyvo

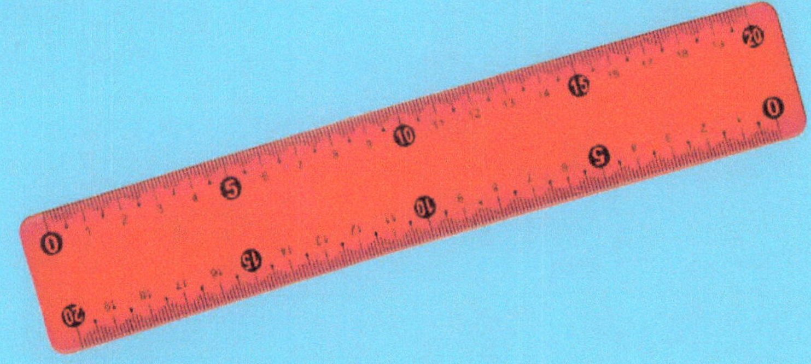

righello
лінійка
liniika

viola

фіолетовий

fioletovyi

dadi

гральні кості

hralni kosti

ventaglio

віяло

viialo

colori chiari

світлі кольори

svitli kolory

colori scuri

темні кольори

temni kolory

cerchio

коло

kolo

quadrato

квадрат

kvadrat

stella

зірка

zirka

cuore

серце

sertse

mezzaluna

півмісяць

pivmisiats

triangolo

трикутник

trykutnyk

rettangolo

прямокутник

priamokutnyk

ovale

овал

oval

goccia

крапля

kraplia

croce

хрест

khrest

cubo

куб

kub

sfera

сфера

sfera

anello

кільце

kiltse

trifoglio

трилисник

trylysnyk

cilindro

циліндр

tsylindr

cono

конус

konus

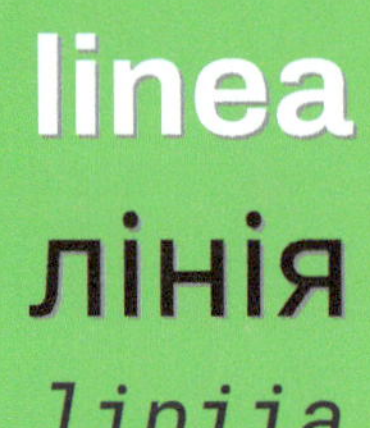

linea

лінія

liniia

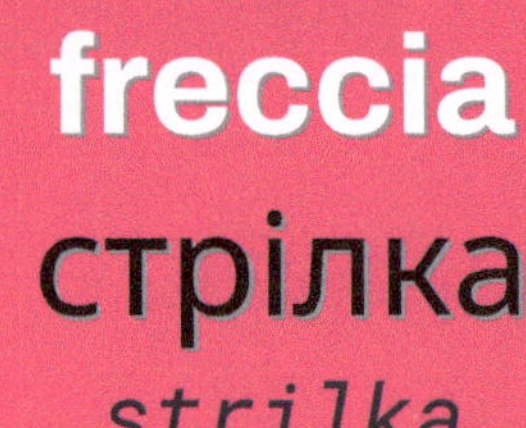

freccia

стрілка

strilka

puntini

крапки

krapky

zigzag

зигзаг

zyhzah

curva

крива

kryva

spirale

спіраль

spiral

disegnare

малювати

maliuvaty

dipingere

фарбувати

farbuvaty

contare

рахувати

rakhuvaty

scrivere

писати

pysaty

piccolo

маленький

malenkyi

grande

великий

velykyi

topo

миша

mysha

elefante

слон

slon

corto

короткий

korotkyi

lungo

довгий

dovhyi

verme

черв'як

cherv'iak

serpente

змія

zmiia

sottile

ТОНКИЙ

tonkyi

spesso

ТОВСТИЙ

tovstyi

vuoto

пустий

pustyi

pieno

повний

povnyi

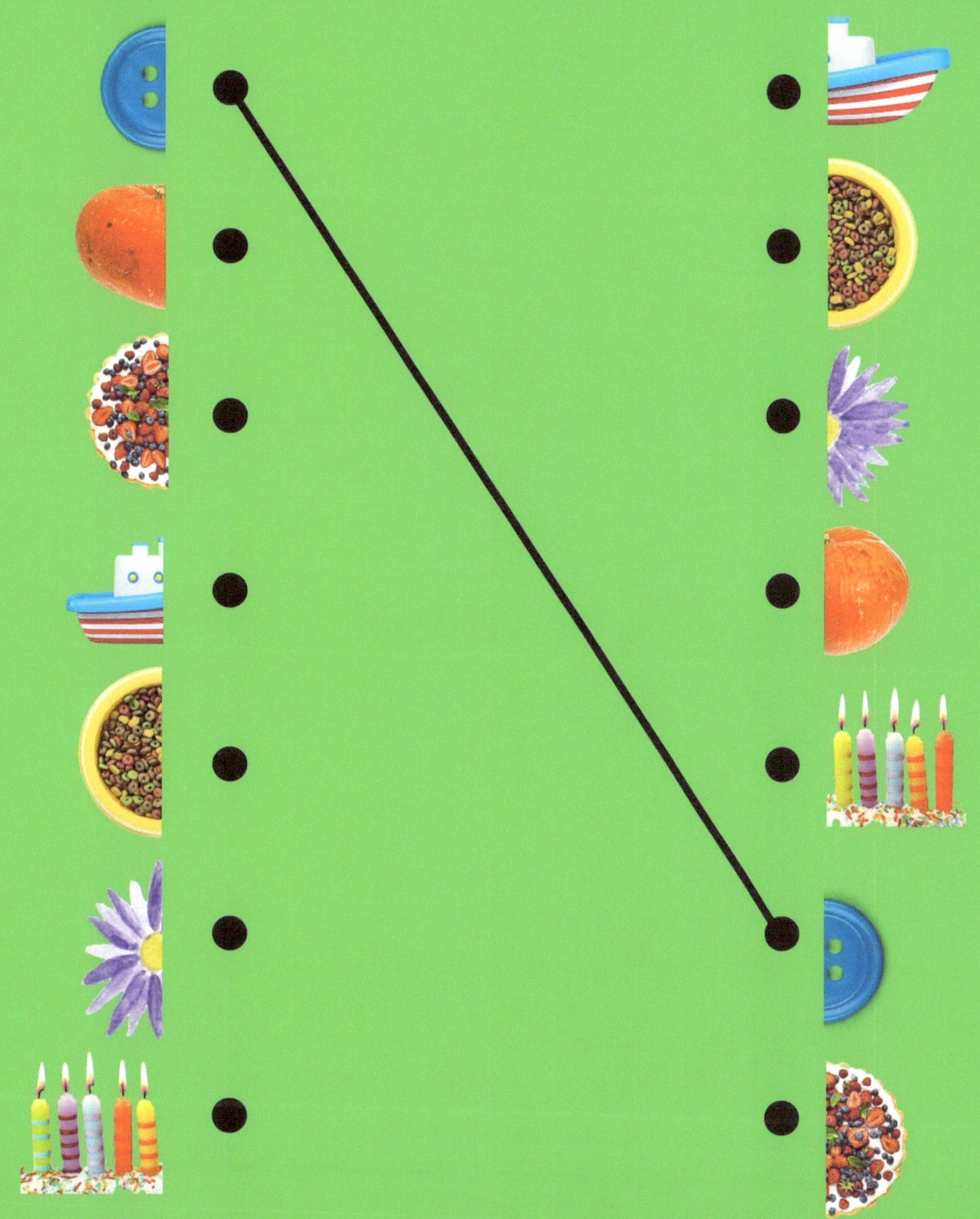